Der Weg zu einer einheitlichen Gesellschaft
im Deutschland des 21. Jahrhunderts

Miguel Mbengui Moyekoli

Der Weg zu einer einheitlichen Gesellschaft im Deutschland des 21. Jahrhunderts

Bibliografische Information der Deutschen Nationalbibliothek:
Die Deutsche Nationalbibliothek verzeichnet diese Publikation in der Deutschen Nationalbibliografie;
detaillierte bibliografische Daten sind im Internet über
http://dnb.d-nb.de abrufbar.

Satz, Umschlaggestaltung, Herstellung und Verlag: BoD – Books on Demand
ISBN: 978-3-7392-8046-2

Inhalt

Vorwort des Autors

In diesem Buch geht es nicht darum, die Geschichte des deutschen Volkes zu lehren.

Vielmehr möchte ich einen Weg aufzeigen, der uns zu einer einheitlichen Gesellschaft im Deutschland des 21. Jahrhunderts führen kann.

Trotzdem werde ich die Entstehung des deutschen Volkes erwähnen, um seine aktuelle Entwicklung deutlich zu machen.

Das deutsche Volk war schon immer vielfältig. Heute, im 21. Jahrhundert, ist es noch vielfältiger und auch komplexer.

Diese Vielfältigkeit und Komplexität hat nicht nur Vorteile, sondern auch Nachteile.

Wir werden im Folgenden sehen, welche Vor- und Nachteile sich daraus ergeben und wie wir die Nachteile neutralisieren können, damit das deutsche Volk trotz seiner Vielfältigkeit und Komplexität in Zukunft auch einig und solidarisch bleibt.

Deshalb werde ich einen Weg aufzeigen, der uns helfen wird, diese Nachteile zu neutralisieren, um ein friedliches und harmonisches Zusammenleben aller Menschen in diesem Land zu ermöglichen.

Ich habe versucht, dieses Thema möglichst knapp und präzise zu behandeln, denn wer hat schon die Zeit, sich durch dicke Bücher zu lesen?

Ein anderer Grund für die Knappheit der Darstellung ist, dass ich dieses Buch allen Gesellschaftsschichten (vom Schüler bis zum Studenten, vom einfachen Arbeiter bis zum Akademiker) gewidmet habe.

Miguel Mbengui Moyekoli

Die Entstehung des deutschen Volkes

Das deutsche Volk war schon immer vielfältig. Es setzte sich ursprünglich aus mehreren germanischen Stämmen zusammen. Dazu zählten zum Beispiel die Franken, Sachsen, Bayern und Schwaben.

Allmählich entwickelte sich bei diesen germanischen Stämmen ein Gefühl der Zusammengehörigkeit.

Ohne dieses Gefühl der Zusammengehörigkeit wäre Deutschland wahrscheinlich kein vereintes Land geworden.

Leider wurde das deutsche Volk nach dem Ende des Zweiten Weltkriegs geteilt, bis es glücklicherweise ohne Blutvergießen im Jahre 1990 wiedervereint wurde.

Den Zusammenhalt Deutschlands verdanken wir zu einem Großteil den alten germanischen Stämmen, also den Franken, Sachsen, Bayern und Schwaben.

Diese haben den Grundstein für ein Zusammengehörigkeitsgefühl gelegt und damit verhindert, dass in Deutschland Verhältnisse entstehen, wie sie zum Beispiel in afrikanischen oder asiatischen Ländern zu finden sind.

Wie wir wissen, herrschen in diesen Ländern Stammeskonflikte oder sogar Bürgerkriege, deren Ursache im Tribalismus liegt. Ein ausgeprägtes Stammesdenken verhindert in diesen Ländern, dass die verschiedenen Bevölkerungsgruppen ein Gefühl der Zusammengehörigkeit entwickeln.

Aber wie ist das deutsche Volk entstanden?

Um die Entstehung des deutschen Volkes kurz zu veranschaulichen, möchte ich einfach zitieren, was in vielen historischen Büchern steht:

»Die Geschichte des deutschen Volkes begann nicht mit dem Sieg des Arminius über die drei römischen Legionen im Jahre 9 nach Christus im Teutoburger Wald. Sie umfasst über ein Jahrtausend.

Arminius war ein Fürst der Cherusker, von dem man nichts Näheres weiß. Er galt als erster deutscher Nationalheld.

Aber die Entstehung des deutschen Volkes war ein Prozess, der Jahrhunderte dauerte.

Und das Wort ›deutsch‹ ist wohl erst im 8. Jahrhundert nach Christus aufgekommen.

Dieses Wort bezeichnet zunächst die Sprache, die in dem östlichen Teil des Frankenreiches gesprochen wurde.

Dieses Reich umfasste Völkerschaften, die teils germanische, teils römische Dialekte sprachen. Es erreichte unter Karl dem Großen seine größte Machtentfaltung.

Nach dem Tode von Karl dem Großen im Jahre 814 nach Christus brach sein Reich auseinander.

In Folge verschiedener Erbteilungen entstand ein West- und ein Ostreich, wobei die politische Grenze annähernd mit der Sprachgrenze zwischen ›Deutsch‹ und ›Französisch‹ zusammenfiel.

Erst nach und nach entwickelte sich bei den Bewohnern des Ostreichs ein Gefühl der Zusammengehörigkeit.

Die Bezeichnung ›deutsch‹ wurde von der Sprache auf die Sprecher und schließlich auf ihr Wohngebiet ›Deutschland‹ übertragen.«

Aus: »Tatsachen über Deutschland«, Lexikothek Verlag GmbH, 2. aktualisierte Auflage, 1978, ISBN 3-570-06406-9.

Das deutsche Volk des 21. Jahrhunderts

Wir haben gesehen, wie das deutsche Volk entstanden ist und dass es ursprünglich mehrere germanische Stämme umfasste. Es war somit schon immer vielfältig.

Diese Vielfältigkeit des deutschen Volkes hat Spuren in der deutschen Gesellschaft hinterlassen und zeigt uns, dass ein Volk keine feste, ein für allemal definierte Größe ist, sondern ein geschichtliches Wesen.

Kaum ein anderes Volk befindet sich seit Jahren in einem derart raschen Umbruch wie das deutsche Volk.

Die alten germanischen Stämme sind in ihrer ursprünglichen Gestalt längst nicht mehr vorhanden. Aber auch das deutsche Volk des 21. Jahrhunderts lässt sich in verschiedene »Stammesgruppen« oder »Stämme« unterteilen.

Die deutsche Gesellschaft des 21. Jahrhunderts setzt sich aus den zugewanderten deutschen Stämmen und den einheimischen deutschen Stämmen zusammen.

Bei den einheimischen deutschen Stämmen handelt es sich um geschichtlich gewachsene regionale Gruppen, deren jede sich von den anderen deutlich unterschieden fühlt und ein kräftiges Eigenleben führt.

Zu dieser Stammesgruppe gehören die Bayern, Schwaben, Franken, Rheinländer, Pfälzer, Hessen, Westfalen, Niedersachsen, Schleswig-Holsteiner, Friesen, Ostpreußen, Pommern, Brandenburger, Sachsen, Schlesier und Thüringer.

Jeder dieser Stämme hat seine regional ausgeprägte Eigenart.

Heute gibt es keine großen Unterschiede mehr zwischen diesen verschiedenen Stämmen. Die Mobilität der modernen Industriegesellschaft, die Vertreibung von Deutschen aus den Ostgebieten nach 1945 und die Flucht einer weiteren Anzahl von Deutschen aus der ehemaligen Deutschen Demokratischen Republik (DDR) vor der Wiedervereinigung haben unter anderem dazu geführt, dass viele Unterschiede nivelliert worden sind.

Trotz dieser Veränderungen hat jeder Stamm in seiner Küche noch immer zahlreiche wohlschmeckende Spezialitäten.

Die einheimischen deutschen Stämme unterscheiden sich auch in ihren Dialekten. Diese sind in vielen Regionen noch lebendig.

Bei den zugewanderten deutschen Stämmen handelt sich, wie der Name schon sagt, um die zugewanderten Bevölkerungsgruppen, die aus allen Kontinenten der Erde stammen.

Heute leben ca. 16 Millionen Menschen mit Migrationshintergrund in Deutschland. Dies entspricht etwa 20 Prozent der Bevölkerung.

Das deutsche Volk des 21. Jahrhunderts ist durch den Zuzug von Menschen aus den unterschiedlichsten Ländern vielfältiger und komplexer geworden.

Die Mehrheit dieser Zugewanderten stammt aus europäischen Staaten, wie zum Beispiel Polen, den Nachfolgestaaten der ehemaligen UdSSR, Rumänien, dem ehemaligen Jugoslawien, Ungarn und der ehemaligen Tschechoslowakei.

Aber auch eine bedeutende Anzahl von ihnen stammt aus Afrika, Asien und Südamerika. Alle haben ein Zuhause in Deutschland gefunden.

Einige der Zugewanderten besitzen die deutsche Staatsbürgerschaft. Sie sind jetzt auch Teil des deutschen Volkes und gleichberechtigte Deutsche. Sie können am politischen Leben aktiv teilhaben und alle Rechte und Pflichten eines Staatsbürgers übernehmen.

Aber wie kamen diese Zugewanderten nach Deutschland?

Die Geschichte der Zugewanderten in der Bundesrepublik Deutschland begann Mitte der 1950er Jahre mit der Ankunft der ersten Gastarbeiter.

Während der Zeit des »Wirtschaftswunders« brauchte die deutsche Industrie Arbeitskräfte. Das innere Angebot konnte die wachsende Nachfrage der Industrie nicht mehr befriedigen.

Deshalb wurden in den 1950er und 1960er Jahren Arbeitskräfte aus dem Ausland angeworben.

Die ersten Gastarbeiter kamen aus Italien. Danach folgten die Portugiesen und die Türken.

Schließlich kamen auch Gastarbeiter aus anderen Ländern in die Bundesrepublik Deutschland.

Diese Gastarbeiter hatten geplant, einige Jahre in der Bundesrepublik Deutschland zu arbeiten und dann in ihre Herkunftsländer zurückzukehren.

Aus unterschiedlichen Gründen sind die meisten von ihnen in Deutschland geblieben.

Nicht wenige Gastarbeiter leben seit über 50 Jahren in Deutschland. Einige von ihnen haben die deutsche Staatsbürgerschaft.

In den 1980er Jahren kamen viele Zuwanderer aus Afrika, Asien, Osteuropa und Südamerika in die Bundesrepublik Deutschland.

Viele von ihnen flüchteten aus politischen Gründen, weil sie in ihren Heimatländern politisch verfolgt wurden.

Andere kamen aus Ländern, in denen politische oder militärische Unruhen herrschten.

Einige erreichten die Bundesrepublik Deutschland als Wirtschaftsflüchtlinge.

In den 1980er Jahren gab es auch in der ehemaligen Deutschen Demokratischen Republik (DDR) Vertragsarbeiter, die aus Mosambik und Vietnam stammten.

In die Bundesrepublik Deutschland kamen zu dieser Zeit außerdem viele junge Menschen aus allen Teilen der Welt, um zu studieren.

Auch in der ehemaligen Deutschen Demokratischen Republik (DDR) gab es ausländische Studierende, jedoch ausschließlich aus Bruderländern.

Aus unterschiedlichen Gründen sind viele von ihnen hier in Deutschland geblieben. Andere sind in ihre Herkunftsländer zurückgekehrt.

Um dieses Kapitel abzuschließen, möchte ich nochmals erwähnen, dass das deutsche Volk des 21. Jahrhunderts durch den Zuzug zahlreicher Menschen aus allen Teilen der Welt vielfältiger und komplexer geworden ist.

Diese Vielfältigkeit und Komplexität hat nicht nur Vorteile, sondern auch Nachteile.

Welche Vor- und Nachteile daraus erwachsen, werden wir im nächsten Kapitel sehen.

Die Vor- und Nachteile der Vielfältigkeit des deutschen Volkes des 21. Jahrhunderts

Nachdem ich die Entstehung des deutschen Volkes und seine Entwicklung bis heute kurz skizziert habe, ist es nun Zeit, einige Vor- und Nachteile darzulegen, die sich aus der Vielfältigkeit des deutschen Volkes des 21. Jahrhunderts ergeben.

Ich beginne mit der Erwähnung einiger Vorteile, da diese als äußerst positiv zu betrachten sind:

Die Vielfältigkeit des deutschen Volkes des 21. Jahrhunderts ist eine Bereicherung in vielerlei Hinsicht. Betrachten wir zunächst den wirtschaftlichen Bereich.

Sowohl die zugewanderten als auch die einheimischen Deutschen arbeiten hart für das Ansehen und den Wohlstand Deutschlands.

Viele der Zugewanderten, die hier in Deutschland leben, gehörten in ihren Herkunftsländern zur Mittelschicht und sind meist auch entsprechend gut ausgebildet.

Aus unterschiedlichen Gründen kamen sie nach Deutschland, wo sie ein Zuhause gefunden haben.

Einige von ihnen haben hier in Deutschland studiert oder eine Ausbildung gemacht.

Andere studieren momentan noch an deutschen Universitäten und Fachhochschulen oder absolvieren eine Ausbildung.

Sie werden in Zukunft dazu beitragen, dass Deutschland ein hochentwickeltes Land bleibt.

Damit Deutschland ein hochentwickeltes Land bleibt, braucht es alle gebildeten Menschen, die hier leben, egal ob sie zugewanderte oder einheimische Deutsche sind.

Sie werden dazu beitragen, dass die deutsche Volkswirtschaft gesund und leistungsfähig bleibt.

Nur wenn Deutschland eine gesunde Volkwirtschaft hat, hebt sich der Lebensstandard des deutschen Volkes des 21. Jahrhunderts.

Zur Gesundheit der deutschen Volkswirtschaft tragen insbesondere die gut ausgebildeten Menschen bei, die im Industrie- und Wissenschaftsbereich oder im IT- und Wirtschaftsbereich arbeiten.

Da Deutschland nur wenige Rohstoffe besitzt, ist die deutsche Wirtschaft vom Export abhängig. Deutschland kann seine Erzeugnisse in alle Welt ausführen und von den Ländern, die diese Erzeugnisse kaufen, wieder neue Rohstoffe einkaufen.

Der Wohlstand in Deutschland hängt somit von der Wirtschaft und dem Handel ab.

Die Aufrechterhaltung des Wohlstands ist für Deutschland nur gewährleistet, wenn es ein hochentwickeltes Land bleibt.

Die Hochentwicklung Deutschlands ermöglicht es dem deutschen Volk des 21. Jahrhunderts, in Wohlstand zu leben.

Damit sich der Lebensstandard hebt, braucht dieses Land auch in Zukunft gut ausgebildete Leute, beispielsweise in der Industrie und im Pflegebereich.

Die heutige Industrie benötigt immer mehr qualifizierte Fachkräfte. Früher mussten Arbeiter nicht unbedingt gut ausgebildet sein, um eine Tätigkeit auszuüben.

Im Pflegebereich arbeiten sowohl die zugewanderten als auch die einheimischen Deutschen fleißig, damit ein gutes Pflegeniveau sichergestellt werden kann.

Damit pflegebedürftige Menschen gut versorgt werden, braucht Deutschland auch in diesem Bereich gut ausgebildetes Personal.

Auch im Bereich des Sports hat die Vielfältigkeit des deutschen Volkes des 21. Jahrhunderts einige Vorteile.

In der Bundesliga spielen nicht nur die einheimischen Deutschen, sondern auch die Zugewanderten.

Die deutsche Nationalmannschaft ist aus zugewanderten und einheimischen deutschen Spielern zusammengesetzt. Der Erfolg dieser vielfältigen Nationalmannschaft hat sich 2014 bei der WM in Brasilien gezeigt, wo eine europäische Mannschaft zum ersten Mal in einem südamerikanischen Land den Weltmeistertitel gewonnen hat. Diese vielfältige deutsche Nationalmannschaft hat unter Bundestrainer Joachim Löw grandiosen Fußball gezeigt.

Die Vielfältigkeit des deutschen Volkes des 21. Jahrhunderts trägt zur kulturellen Bereicherung in diesem Land bei.

Die deutsche Kultur erwuchs selbst aus einer Mischung verschiedener Kulturen. Als die Römer in germanische Gebiete vordrangen, prägten sie mit ihrer Sprache, ihren Bräuchen und Essensgewohnheiten die Kultur der dort lebenden germanischen Stämme.

So vermischten sich die verschiedenen germanischen Dialekte auch mit dem Lateinischen. Schließlich entwickelte sich aus einigen germanischen Dialekten die althochdeutsche Sprache.

Wie vielfältig das deutsche Volk des 21. Jahrhunderts ist, lässt sich auch an dem großen Angebot an exotischen Produkten und Lebensmitteln erkennen, die es in diesem Land zu kaufen gibt. In bestimmten Lebensmittelläden kann jeder, der will, beispielweise Kochbananen, Süßkartoffeln, Maniok usw. erwerben, was früher in Deutschland nicht denkbar war.

Auch einheimische Deutsche erfreuen sich an dieser großen Auswahl an exotischen Speisen. Wenn ich ein exotisches Gericht koche, wie zum Beispiel Maniok, freuen sich meine einheimischen deutschen Freunde, denn es schmeckt ihnen auch sehr gut.

Darüber hinaus gibt es noch immer Speisen, die als »typisch deutsch« gelten, zum Beispiel Currywurst, Sauerkraut, Berliner, Knödel oder Thüringer Wurst. Auch zugewanderte Deutsche essen diese Spezialitäten gerne. Ich bin ebenfalls davon begeistert, weil es mir sehr gut schmeckt.

Im Zuge der fortschreitenden technologischen Entwicklung wurde die Welt global vernetzt. Sie ist zugleich kleiner geworden.

Heute kann man in wenigen Tagen die Welt erkunden, was früher nicht denkbar war.

Mittels Skype ist es möglich, mit jemandem per Videotelefonie zu kommunizieren, der auf einem anderen Teil der Erde lebt.

Da unsere globalisierte Welt eine globale Lösung braucht, könnte die Vielfältigkeit des deutschen Volkes des 21. Jahrhunderts auch dazu beitragen, diese globale Lösung zu finden.

Aufgrund der Vielfältigkeit und Offenheit des deutschen Volkes des 21. Jahrhunderts verbessert sich das Ansehen Deutschlands in der Welt.

Ein Deutscher ist ein gern gesehener Gast im Ausland, da viele wissen, dass Deutschland ein offenes Land ist, in dem viele Bevölkerungsgruppen zu Hause sind.

Er fühlt sich im Ausland so, als befände er sich in Deutschland, denn er wird freundlich von den Einheimischen empfangen.

Wegen der Vielfältigkeit des deutschen Volkes zählen viele Länder auf Deutschland.

Dadurch kann Deutschland eine große Rolle bei der Suche nach einer friedlichen Lösung der aktuellen Weltprobleme spielen, denn das Ansehen eines Landes hängt nicht von seinen militärischen Stärken, sondern von seiner Offenheit ab.

Durch die Vielfältigkeit des deutschen Volkes des 21. Jahrhunderts zeigt Deutschland, dass es offen ist.

Es gewinnt viele ausländische Herzen. Überall wird das deutsche Volk des 21. Jahrhunderts geliebt. Man hasst das deutsche Volk nicht mehr.

Deutschland ist heute ein Land, das von der Welt geliebt und geschätzt wird.

Die Vielfältigkeit des deutschen Volkes des 21. Jahrhunderts verändert den Blick der Welt auf unser Land.

Nachdem ich einige Vorteile der Vielfältigkeit des deutschen Volkes des 21. Jahrhunderts erwähnt habe, möchte ich nun auch die Nachteile nennen:

Wie bereits erwähnt, haben in Deutschland zahlreiche Menschen unterschiedlicher Herkunft, Kultur und Muttersprache ein Zuhause gefunden, was in vielerlei Hinsicht sehr positiv ist. Einige Zuwanderer bemühen sich jedoch nicht, die deutsche Sprache ausreichend zu beherrschen, das heißt, sie zu sprechen und zu verstehen.

Diese fehlende Kenntnis der deutschen Sprache kann zur Entstehung von Parallelgesellschaften beitragen.

Wenn sich bestimmte Bevölkerungsgruppen von der Gesamtgesellschaft abschotten und Parallelgesellschaften bilden, wird sich bei dem deutschen Volk des 21. Jahrhunderts kein Gefühl der Zusammengehörigkeit entwickeln.

Die Bildung von Parallelgesellschaften könnte somit die Entstehung eines Zusammengehörigkeitsgefühls verhindern und dieses auch unrealistisch erscheinen lassen.

Dies würde zu einer Spaltung des deutschen Volkes führen, da es nicht mit einer Sprache spricht.

Wenn Zugewanderte nur ihre Herkunftskultur pflegen und sich im Alltag nicht an die deutsche Gesellschaft anpassen (beispielsweise bezüglich ihrer Musik-, Fernseh- und Essensgewohnheiten), begünstigt dies die Herausbildung von Parallelgesellschaften.

»Anpassung« bzw. »Integration« bedeutet nicht, dass sie in ihrer Küche keine wohlschmeckenden Spezialitäten aus ihren Herkunftsländern kochen dürfen oder nur deutsche Musik hören sollten. Im Gegenteil, denn diese Vielfalt bereichert die deutsche Kultur.

Deutschland ist ein demokratisches Land. Es besteht jedoch die Gefahr, dass einige Zugewanderte Parteien oder Bewegungen gründen, die die politische Integration verhindern und separatistische Bestrebungen fördern könnten.

Auch dadurch würde die Entstehung von Parallelgesellschaften begünstigt werden. Diese politischen Parteien oder Bewegungen würden ihre Zustimmung bei den Zugewanderten finden und könnten die stabile deutsche Demokratie und Wirtschaft gefährden.

Wie wir gesehen haben, ist die Vielfältigkeit des deutschen Volkes des 21. Jahrhunderts an sich äußerst positiv. Allerdings könnte es auch zur Bildung von Parallelgesellschaften oder zur Entstehung von Konflikten zwischen verschiedenen Bevölkerungsgruppen kommen. Deshalb ist es wichtig, dass wir schon heute über eine Lösung dieser Probleme nachdenken.

Aus diesem Grund schlage ich im nächsten Kapitel einen Weg vor, der es dem deutschen Volk des 21. Jahrhunderts ermöglichen wird, seine Einheit zu bewahren und das Gefühl der Zusammengehörigkeit immer lebendig zu halten.

Der Weg zu einer einheitlichen Gesellschaft im Deutschland des 21. Jahrhunderts

Zunächst möchte ich einige Gründe nennen, die mich dazu veranlasst haben, diesen Weg zu einer einheitlichen Gesellschaft im Deutschland des 21. Jahrhunderts vorzuschlagen.

Ich bin Deutscher und stamme aus einem afrikanischen Land, das Angola heißt. Ich bin auch in der Demokratischen Republik Kongo zur Schule gegangen.

Ich war sowohl in Angola als auch in der Demokratischen Republik Kongo Zeuge der Auswirkungen des Tribalismus.

In diesen beiden Ländern – wie auch in anderen afrikanischen Ländern, in denen verschiedene Stämme zusammenleben müssen, weil sie demselben Land angehören – herrscht ein ausgeprägtes Stammesdenken.

Der Tribalismus macht auch heute noch das Zusammenleben der verschiedenen Bevölkerungsgruppen oder Stämme unmöglich, obwohl sie demselben Land angehören und zusammenleben müssen.

Diese angolanische oder kongolesische Gesellschaft besitzt kein Gefühl der Zusammengehörigkeit.

Aber warum konnte diese Gesellschaft kein Gefühl der Zusammengehörigkeit entwickeln?

Weil sich niemand darüber Gedanken gemacht hat, wie man den Tribalismus neutralisieren könnte, um ein friedliches Zusammenleben von verschiedenen Bevölkerungsgruppen oder Stämmen zu ermöglichen. Deshalb gibt es in diesen Ländern kein Gefühl der Zusammengehörigkeit.

Aber was hat all das nun mit Deutschland zu tun?

Wie ich bereits festgestellt habe, ist das deutsche Volk des 21. Jahrhunderts vielfältiger und komplexer geworden.

Wenn wir nicht aufpassen, werden wir auch hier solche konfliktbehafteten Verhältnisse zwischen unterschiedlichen Bevölkerungsgruppen erleben. Deshalb müssen wir schon jetzt darüber nachdenken, wie wir dies verhindern können.

Wir haben gesehen, dass das deutsche Volk ursprünglich aus verschiedenen germanischen Stämmen entstanden ist.

Diese verschiedenen germanischen Stämme fusionierten sich etwa im Jahre 1000 nach Christus zum deutschen Volk.

Von diesem Jahr an wuchs das deutsche Volk zu einer Einheit zusammen.

Heute ist das deutsche Volk vielfältiger und auch komplexer. Es besteht aus verschiedenen Bevölkerungsgruppen, die keine gemeinsame Geschichte haben und aus allen Kontinenten der Welt stammen.

Diese Vielfältigkeit und Komplexität des deutschen Volkes des 21. Jahrhunderts verlangt eine vielfältige und komplexe Lösung, um das harmonische Zusammenleben von verschiedenen Bevölkerungsgruppen in diesem Land nicht zu gefährden.

Es ist unser Wille, die Einheit unseres Volkes zu stärken und zu stabilisieren.

Schaffen wir es nicht, den Weg zu einer einheitlichen Gesellschaft zu gehen, wird sich unsere politische, wirtschaftliche, kulturelle und industrielle Entwicklung verschlechtern.

Deshalb hängt die Zukunft unseres Vaterlandes von der Einheit des deutschen Volkes des 21. Jahrhunderts ab. Denn das harmonische Zusammenleben von verschiedenen Bevölkerungsgruppen eines Landes trägt dazu bei, dass dieses sich wohlbefindet.

Das friedliche Zusammenleben der verschiedenen Bevölkerungsgruppen in Deutschland ist die Voraussetzung, um unser Land mit Fleiß nach vorne zu führen.

Wenn wir den Weg in Richtung einer einheitlichen Gesellschaft gehen, in der wir harmonisch zusammenleben können, werden unsere Herkunft, unsere Religion, unsere politische Richtung und unser Geschlecht keine Rolle mehr spielen.

Von diesem Zeitpunkt an werden sich alle unsere Kräfte auf die weitere Entwicklung unseres deutschen Vaterlands in allen Bereichen konzentrieren.

Es ist nicht unser Wille, dass unser Land von separatistischen Ideen zerstört wird, die einer einheitlichen deutschen Gesellschaft entgegenstehen.

Afrikanische oder asiatische Verhältnisse wollen wir nicht, denn dort bestehen ungelöste politische, wirtschaftliche und soziale Probleme, die auf Konflikte zwischen verschiedenen Bevölkerungsgruppen oder Stämmen zurückzuführen sind, deren Ursache im Tribalismus liegt.

Aber wie können wir verhindern, dass hier in Deutschland afrikanische oder asiatische Verhältnisse entstehen?

Damit dies nicht geschieht, schlage ich Folgendes vor:

Meiner Ansicht nach sollten Zugewanderte zum Wohl des deutschen Volkes des 21. Jahrhunderts keine politischen Parteien oder Bewegungen gründen dürfen. Dies ist allerdings legal, wenn sie gleichberechtigte deutsche Staatsbürger sind.

Außerdem sollte verhindert werden, dass Zugewanderte sich als unabhängige Kandidaten bei Wahlen aufstellen lassen.

Wenn Zugewanderte auch politische Parteien oder Bewegungen gründen dürfen, könnte dies die Entstehung von Parallelgesellschaften begünstigen.

Diese neuen politischen Parteien oder Bewegungen würden auf

der Basis von Bevölkerungsgruppen gegründet werden. Dies fördert nicht die politische Integration, sondern den Separatismus.

Es ist auch klar, dass solche Parteien oder Bewegungen ihre Anhänger oder Unterstützer bei den Zugewanderten finden würden.

Mit diesem Vorgehen würden sich die Zugewanderten politisch nicht integrieren. Statt eine einheitliche Gesellschaft zu bilden, würde es zu einer Spaltung innerhalb der Gesellschaft kommen, während verschiedene Bevölkerungsgruppen gegenseitig um die Herrschaft des Landes kämpfen. Das braucht unser Land nicht.

Was unser Land braucht, ist eine vielfältige Gesellschaft mit einem einheitlichen Grundkonsens bezüglich bestimmter Werte, um das solidarische Zusammenleben von verschiedenen Bevölkerungsgruppen zu ermöglichen.

Dieser einheitliche Grundkonsens innerhalb der vielfältigen deutschen Gesellschaft ist die Voraussetzung für ein friedliches und harmonisches Zusammenleben von verschiedenen Bevölkerungsgruppen in diesem Land.

Aus diesem Grund müssen die Zugewanderten meiner Ansicht nach den schon existierenden demokratischen Parteien oder Bewegungen beitreten, die ihrer politischen Richtung entsprechen, wenn sie politisch aktiv sein möchten.

Zudem müssen die Zugewanderten außer ihrer Herkunftssprache auch die deutsche Sprache beherrschen, das heißt, sie sprechen und verstehen.

Wenn man in einem Land lebt, muss man die Sprache lernen, die in diesem Land gesprochen wird, um sich verständigen zu können und aktiv am gesellschaftlichen Leben teilhaben zu können.

Dies ist die Voraussetzung, um sich in einem Land zurechtzufinden.

Ohne ausreichende Sprachkenntnisse ist es nicht möglich, die alltäglichen Dinge des Lebens zu erledigen.

Außerdem ist man nicht in der Lage, einen richtigen Beruf zu erlernen oder eine gute Arbeit zu finden, wenn man die Landessprache nicht spricht und versteht.

Die Sprache ist ein wichtiges Kommunikationsmittel.

Aber warum müssen die Zugewanderten die deutsche Sprache sprechen und verstehen?

Wir haben gesehen, was das Wort »deutsch« bedeutet. Dieser Begriff umfasst nicht nur die Sprache, sondern bezeichnet auch einen Bürger, der die deutsche Sprache spricht. Und das Land, in dem dieser Bürger wohnt, heißt Deutschland. Deutschland ist also das Land, in dem die deutsche Sprache gesprochen wird.

Auch wenn man nicht »deutsch« ist, muss man die deutsche Sprache sprechen und verstehen können, wenn man in Deutschland lebt.

Deutschland ist besonders in den letzten Jahren vielfältiger und komplexer geworden. Zahlreiche verschiedene Bevölkerungsgruppen leben mittlerweile hier.

Wer in diesem vielfältigen und komplexen Land zurechtkommen will, muss die deutsche Sprache sprechen und verstehen.

Das Lernen der deutschen Sprache ist auch ein Beitrag zur Integration.

Beherrscht man die deutsche Sprache, wird die Verständigung mit verschiedenen Bevölkerungsgruppen, die ebenfalls diese Sprache sprechen, leichter.

Mit dieser Sprache kann man die deutschsprechenden Menschen verstehen und mit ihnen kommunizieren.

Mit der deutschen Sprache lernt man auch zugleich die deutsche Kultur kennen. Man erschließt sich die deutsche Gesellschaft, denn die Sprache drückt die Gedanken und Gefühle eines Volkes aus.

Gewiss, so verschieden die Sprachen sind, so verschieden sind auch die Völker. Aber wenn man eine Sprache lernt, so lernt man auch das Volk verstehen, das diese Sprache spricht.

Die deutsche Sprache ermöglicht es uns, eine einheitliche Gesellschaft zu bilden und das Gefühl der Zusammengehörigkeit des deutschen Volkes auch in diesem 21. Jahrhundert lebendig zu halten.

Die Vorteile einer einheitlichen Gesellschaft werden sich auf das Leben des deutschen Volkes im 21. Jahrhundert positiv auswirken, wenn wir uns nur auf die Hochentwicklung unseres Landes konzentrieren.

Wir werden sehen, was es bedeutet, Teil dieser neuen einheitlichen Gesellschaft zu sein, in der alle Bevölkerungsgruppen unseres Vaterlands in Brüderlichkeit, Einigkeit und Harmonie zusammenleben.

Es ist ein wahrer Wille, dass die Zugewanderten den separatistischen Ideen keine Chance geben werden.

Die Aussicht, in einer einheitlichen Gesellschaft zu leben, mit wahren Lösungen für die Probleme des deutschen Volkes im 21. Jahrhundert, wird die Menschen aller Bevölkerungsgruppen unseres deutschen Vaterlands erfreuen.

Deshalb müssen wir den Gedanken einer einheitlichen Gesellschaft des deutschen Volkes im 21. Jahrhundert stützen, damit wir der Zukunft sorglos entgegenblicken können.

Wir müssen lernen, uns für alles einzusetzen, was das friedliche, brüderliche und harmonische Zusammenleben von verschiedenen Bevölkerungsgruppen ermöglicht, um die Vorfahren des deutschen Volkes nicht zu enttäuschen, die uns vom Himmel aus beobachten.

Zum Schluss möchte ich einige Zeilen an alle Menschen richten, die aus unterschiedlichen Gründen nach Deutschland kommen möchten, um hier zu leben:

Jeder, der nach Deutschland kommen möchte, sollte wenigstens in seiner Muttersprache wissen, welche Werte für das freiheitliche, offene und demokratische Selbstverständnis dieses Landes von Bedeutung sind.

Er sollte sich auch zu diesen Werten bekennen. Wer sich gegen diese Werte stellt, sollte nicht nach Deutschland kommen, um hier zu leben. Denn er gefährdet das friedliche und harmonische Zusammenleben des deutschen Volkes des 21. Jahrhunderts.

Zu diesen Werten zählen zum Beispiel:
- Mann und Frau sind gleichberechtigt.
- Deutschland ist ein demokratisches Land.
- Deutschland ist ein Rechtsstaat.

Diejenigen, die hier schon leben, sollten sich an diese Werte anpassen.

Sie sind nicht gezwungen, hier in Deutschland zu leben. Wenn sie gegen diese Werte sind, sollten sie Deutschland freiwillig verlassen, wie sie auch freiwillig nach Deutschland gekommen sind.

Deutschland braucht keine Menschen, die den Frieden zwischen den verschiedenen Bevölkerungsgruppen und den Zusammenhalt des deutschen Volkes gefährden.

Deutschland braucht Menschen, die zu den Werten einer freiheitlichen, offenen und demokratischen Gesellschaft stehen, um das Gefühl der Zusammengehörigkeit des deutschen Volkes lebendig zu halten.

Unser Land ist heute von zahlreichen Bevölkerungsgruppen bewohnt, die aus allen Kontinenten der Erde stammen. Der von mir vorgeschlagene Weg zu einer einheitlichen Gesellschaft wird unserem Vaterland helfen, Verhältnisse zu vermeiden, wie sie in Teilen Afrikas oder Asiens herrschen.

In vielen afrikanischen und asiatischen Ländern leben zahlreiche verschiedene Stämme oder Bevölkerungsgruppen zusammen und terrorisieren sich gegenseitig. Es gibt kein Gefühl der Zusammengehörigkeit.

In diesen Ländern sterben viele unschuldige Männer, Frauen und Kinder aufgrund von Konflikten zwischen verschiedenen Stämmen oder Bevölkerungsgruppen.

Wenn wir diese afrikanischen und asiatischen Verhältnisse hier in Deutschland vermeiden wollen, müssen wir einen Weg gehen, der es uns ermöglichen wird, in einer einheitlichen, friedlichen und harmonischen Gesellschaft zu leben.

Wenn wir diesen Weg unterstützen, wird Deutschland weiter florieren, sein Gefühl der Solidarität stärken und dem Separatismus keine Chance geben.

Schlusswort des Autors

Deutschland ist ein Land, in dem zahlreiche Bevölkerungsgruppen leben, die alle zusammen das deutsche Volk des 21. Jahrhunderts bilden.

Alle, die in Deutschland leben möchten, müssen lernen, wie dieses Volk entstanden ist und wie es sich bis heute entwickelt hat.

Die Zugewanderten, die jetzt zu dem deutschen Volk gehören, müssen sich an das deutsche Volk anpassen, um seine Einheit nicht zu gefährden.

Sie müssen alles lernen, was den Zusammenhalt des deutschen Volkes ermöglicht hat. Dabei müssen sie auch ihre alten Mentalitäten beiseitelassen.

Es ist notwendig, dass sie die deutsche Verfassung respektieren und akzeptieren.

Wer gegen diese Verfassung ist, braucht nicht deutsch zu werden.